AUGUSTIN COCHIN

SA VIE — SA MORT

PARIS. — IMP. ... ON ... ÇON ET C..., RUE D'ERFURTH...

SE VEND AU PROFIT DES PAUVRES

AUGUSTIN COCHIN

SA VIE — SA MORT

PAR

LÉOPOLD DE GAILLARD

Extrait du CORRESPONDANT
DU 25 MARS

PARIS

LIBRAIRIE DE CHARLES DOUNIOL ET Cᴵᴱ, ÉDITEURS

29, RUE DE TOURNON, 29

1872

AUGUSTIN COCHIN

I

Il y a juste deux ans, à cette même date et à cette même place, nous étions condamné à raconter aux lecteurs du *Correspondant* la mort et les obsèques de notre illustre et à jamais regretté Montalembert[1]. Aujourd'hui, c'est Augustin Cochin qui tombe avant l'heure et qui va retrouver là haut l'ami qu'il aurait dû remplacer à la tribune et dans la vie publique. La dernière fois qu'il était venu à Paris, c'était pour assister au service funèbre du P. Gratry. Ainsi les cortéges se suivent presque sans interruption sur la voie de la demeure dernière. La vertu, le savoir, l'éloquence, les services rendus, les services plus grands attendus et promis, semblent des titres à la fin prématurée. Nous accompagnons nos maîtres, nos modèles, nos amis, sans pouvoir nous expliquer pourquoi la Providence semble se plaire à éteindre une à une toutes nos lumières, à briser dans sa fleur notre meilleure espérance. Nos larmes coulent devant cette fosse à peine fermée et toujours r'ouverte, et en rentrant dans le monde des vivants, en voyant le vide laissé par ceux qui ne sont plus, nous nous prenons à nous demander ce que vont devenir les causes sacrées pour lesquelles ils ont souffert et ils sont morts.

Parmi ceux-là, parmi les anciens et les chefs de la jeunesse catholique et libérale, Augustin Cochin était le plus jeune, le plus semblable à chacun de nous, le plus aimé. Un écrivain qui l'a bien

---

[1] *Correspondant* du 25 mars 1870.

connu et que nos lecteurs connaissent bien aussi, a dit de lui qu'il a été un des hommes les plus aimés de son temps[1]. Il faut retenir ce mot parce qu'il nous rend Cochin tout entier. Il était fait pour l'affection comme d'autres sont faits pour la haine; il attirait comme d'autres repoussent; il avait la grâce et le don de persuasion comme d'autres ont le goût de l'outrage et le génie de la dispute. Homme de bien plutôt qu'homme de lutte, il ne cherchait jamais le combat, mais quand le combat venait à lui, il n'hésitait pas et s'y comportait vaillamment. Ceux qui se firent ses diffamateurs dans les réunions électorales de 1869 ont le droit d'en avoir gardé quelque souvenir. Dans le charme qui rayonnait de son regard, de son sourire, de toute sa personne si accueillante et si cordiale, on sentait la force, on devinait la persistance et la décision. Sous le gazon et sous les fleurs, il y avait le roc. Le roc, c'étaient ses croyances religieuses acceptées et pratiquées dès la première jeunesse. Ni le goût de la paix, ni la crainte des représailles, ni la séduction du succès certain, rien n'aurait pu arracher ou seulement ébranler l'ancre de sa foi solidement fixée dans son cœur. La limite des accommodements et de la bienveillance une fois atteinte, il fallait renoncer à lui demander un pas de plus.

Chose étrange et qui restera comme un des tristes signes de notre temps! nul homme ne fut jamais mieux armé pour l'arène parlementaire, et nul ne la vit plus impitoyablement se fermer devant lui. Dans une époque où le pouvoir se conquiert et s'exerce par la parole et par la plume, il était orateur de naissance et de passion; il était aussi un écrivain facile, disert, prêt et lucide sur tous les sujets. Dans une société où les questions ouvrières et les questions d'affaires tiennent une si large place, il savait les premières comme un saint Vincent de Paul laïque qu'il était; il savait les secondes pour les avoir maniées dès l'âge de vingt-cinq ans dans l'administration municipale de Paris et dans les grandes compagnies industrielles. Au dire des meilleurs juges, il était hors de la Chambre un des députés les plus remarquables, et, hors du pouvoir, un des ministres les plus complets, dont la France eût pu recevoir les services. Comment expliquer que le suffrage universel, qu'il a plus d'une fois mis à l'épreuve, lui soit toujours resté inclément? Par une seule raison: Cochin était chrétien et ne s'en cachait pas.

C'était le chrétien en effet, ou, pour parler la langue hypocrite des partis, le clérical qu'on poursuivait en lui. A l'époque où il se présenta pour la première fois aux suffrages des Parisiens, la question du pouvoir temporel venait de naître. Le candidat libéral ne voulut

---

[1] M. Hilaire de Lacombe, dans *l'Impartial du Loiret*.

rien déguiser de son opinion, et, comme *l'Opinion nationale* et *le Temps* avaient la loyauté de le reconnaître l'autre jour, c'est sous l'inique mais visible impopularité de cette opinion qu'il devait succomber. En 1869, même question soigneusement entretenue par la politique astucieuse de l'empire, effrontément exploitée par les démagogues, et courageusement résolue par le candidat catholique aux dépens de sa candidature.

Il regardait d'ailleurs comme un devoir accompli de rendre témoignage de sa foi devant la foule, et de consacrer sa parole de laïque à une sorte d'apostolat religieux. Nous nous souvenons qu'en 1869, appelé à faire une conférence sur Abraham Lincoln, au théâtre du Prince-Impérial, il osa, devant un auditoire habitué à saluer un tout autre langage, vanter surtout son héros d'avoir été un chrétien convaincu et d'avoir fait parler à la politique le pur langage de l'Évangile. La salle entière, depuis les loges jusqu'aux places à 50 centimes, éclata en applaudissements, et comme, au sortir de la séance, un ami le félicitait de son succès et plus encore de son courage : « Quel mérite ai-je? répondit-il simplement ; au-dessus des trois mille paires d'yeux braqués sur moi dans la salle, je voyais un seul œil d'en haut qui me regardait, qui scrutait ma parole et ma pensée, et à celui-là seul j'étais soucieux de plaire! »

Quoi d'étonnant que, doué à un si rare degré pour la vie publique, il en ait eu la noble et naturelle ambition! Sa mémoire ne serait pas sans reproche, s'il avait enfoui dans l'ombre et le repos les talents que le Maître lui avait confiés. Ce n'est pas sa faute, on le sait, s'il ne les lui a pas rapportés centuplés mille fois par l'action de la tribune, et si les œuvres et les vertus privées sont les plus beaux joyaux de sa couronne de bienheureux.

La vie d'Augustin Cochin sera écrite un jour, nous en avons le ferme espoir, non-seulement pour la consolation d'une famille où nous allons le voir revivre, non-seulement pour tant d'amis connus ou inconnus qui resteront fidèles à sa mémoire, mais pour l'édification de chacun. Le moment n'est pas venu, le temps nous presse et nous sentons cruellement que, malgré l'irrésistible élan de notre affection et de notre douleur, une plume usée aux stériles débats de la politique n'a point tout ce qu'il faut pour parler dignement d'une âme si parfaite, qui eut à son service un esprit si merveilleux. Quelques lignes seulement pour nous donner l'heureuse illusion de croire qu'il est encore là et que nous pouvons encore jouir un moment de sa douce et bienfaisante compagnie!

II

Augustin Cochin était né le 11 décembre 1823, à Paris. Il n'avait donc, quand il est mort, que quarante-huit ans et trois mois. On sait que sa famille est une des plus anciennes et des plus notables de la grande bourgeoisie parisienne. Il y avait un Cochin intendant de la batellerie de la Seine sous saint Louis. Depuis ce temps, les fonctions municipales, l'Église, le parlement, les beaux-arts, le barreau, se sont partagé les divers membres de cette maison, où le travail, le dévouement au peuple et la distinction d'esprit sont héréditaires. Le grand-père et le père de notre ami furent tous deux maires et députés de Paris sous la Restauration et sous le gouvernement de Juillet. L'année même de la naissance d'Augustin, le grand-père avait reçu du roi Louis XVIII le titre de baron, qu'il ne porta jamais. Les armes des Cochin sont, comme la plupart des armes qui viennent de loin, des armes parlantes : un petit coq (en vieux français, *cochet*[1]), avec cette devise, bien adaptée, comme on voit, aux devoirs et aux fonctions d'une famille municipale : *Requiescite, vigilo!* Reposez-vous, je veille!

La mère d'Augustin, qui était sœur de M. Benoist-d'Azy, vice-président de l'Assemblée nationale, fut enlevée à son enfant trois ans après lui avoir donné le jour. En le guérissant d'une angine, elle gagna elle-même le terrible mal, et mourut. Ce souvenir, aggravé sans aucun doute par le douloureux isolement d'une enfance sans mère, a pesé sur la vie entière de Cochin. Il ne parlait jamais qu'avec larmes de cette noble femme, morte, jeune et belle, pour le sauver, et se reprochait de ne se rappeler ni ses traits ni le son de sa voix. Dès l'âge de neuf ans, Augustin fut enfermé au collége. C'était une double épreuve pour cette santé toujours délicate et pour ce cœur altéré de tendresse. Le pauvre écolier n'en put jamais prendre son parti, et racontait son chagrin à son père dans des lettres lamentables. Celui-ci, homme d'un sens ferme, très-affairé d'ailleurs, député, maire de

---

[1] Voir la fable de la Fontaine intitulée : *le Cochet, le chat et le souriceau*.

Paris, fondateur en France des premières salles d'asile, dont il allait étudier le mécanisme en Angleterre, ayant gardé peut-être de sa propre éducation quelque reste de dureté janséniste, s'effrayait de l'exaltation sentimentale de son fils, et répondait à ses effusions par des considérations et des conseils où respire la sagesse un peu rigide de nos anciens [1] :

Tu as raison d'aimer tendrement ton père, écrivait cet homme d'autrefois ; mais peu à peu l'attendrissement dont tu me parles disparaîtra avec la constitution enfantine et fera place à une affection non moins profonde, non moins sensible, mais plus virile. Ce n'est pas pour ton père que tu as été mis au monde, c'est pour te rendre toi-même digne d'être père, mari, citoyen, et de continuer la vie honorable dont ta famille et ta patrie t'ont donné le modèle.

Et, sur de nouvelles instances de l'écolier réfractaire, le père ajoutait :

Ton intérêt moral veut que tu voies de près les bonnes et les mauvaises qualités du grand nombre d'enfants qui t'entourent, parce que Dieu a fait naître ton cœur pur, ton jugement sain, et que tu trouveras dans les impressions vertueuses accueillies en ton âme et dans les impressions dangereuses repoussées par elle les premières assises de ta future vertu... Pour moi, c'était ma mère qui recevait mes épanchements. Ma mère avait l'âme noble et vertueuse : le devoir était tout pour elle. Elle allait à la rencontre de ses devoirs comme d'autres à la recherche de leurs plaisirs ; elle m'écoutait, elle me comprenait, *mais elle ne me câlinait pas*.

Outre quelques bons camarades, dont plusieurs sont devenus plus tard de bons amis, Augustin avait trouvé à Rollin un aumônier à qui il avait donné tout son cœur, et qui l'avait rempli d'amour, de foi et de solide doctrine. Que de fois ne lui avons-nous pas entendu dire qu'il devait au bon abbé Sénac d'avoir été et d'être resté chrétien depuis l'âge de sa première communion [2] ? Peu d'heures après sa

---

[1] Au service de Saint-Thomas d'Aquin assistait M. de Kerguidu, premier directeur de la salle d'asile Cochin, qui a été formé à cet enseignement par M. Cochin père lui-même. Afin d'être bien assuré que la vraie méthode serait comprise et pratiquée, M. Cochin eut la patience d'aller pendant toute une année faire lui-même la classe et tous les exercices de l'asile devant son disciple. Cet exemple doit donner à réfléchir à ceux qui accusent les catholiques d'être les ennemis nés de l'instruction populaire.

[2] M. l'abbé Sénac a publié, il y a quelques années, un excellent ouvrage de philosophie religieuse intitulé : *Christianisme et civilisation*. M. Cochin a rendu compte de la deuxième édition dans *le Correspondant* du 25 janvier 1866.

mort, un vieil ecclésiastique entra dans la chambre où se trouvait déjà Mgr Dupanloup. « Ah ! dit l'évêque, je pleure un véritable ami, un ami selon Dieu ! — Et moi, répondit le bon abbé Sénac, je pleure un fils !... C'était mon enfant spirituel dès l'âge de douze ans !... » Et tous les deux, à genoux au pied du lit, confondirent leurs larmes et leurs prières.

A dix-sept ans, Cochin sortait enfin du collége, comblé d'honneurs universitaires. Son père, justement fier du jeune lauréat, et qui comptait le diriger vers le barreau, avait tout disposé pour qu'il pût continuer sous ses yeux sa vie d'étude. La Providence en avait décidé autrement ; car le digne maire du quartier Saint-Jacques mourut bientôt, aidé, exhorté, consolé, remis entre les mains de Dieu par les mains pieuses de son fils. Libre, seul et riche, sur le pavé de Paris, l'orphelin, conseillé par M. Benoist-d'Azy, qui devait être deux fois son second père, profita de sa liberté pour se faire recevoir membre d'une conférence de Saint-Vincent-de-Paul, et de sa fortune pour fonder ou soutenir des œuvres d'assistance populaire. La Société de secours mutuels des ouvriers de Saint-Jacques du Haut-Pas fut son coup d'essai. Chaque premier dimanche du mois il les réunissait, au nombre de trois cents, dans la chapelle du catéchisme, et leur adressait de familières et touchantes instructions. Jusqu'en 1869, cette coutume n'a pas été interrompue. De concert avec MM. Georges de la Rochefoucauld et de la Bouillerie, le jeune étudiant établit une maison de patronage pour les jeunes ouvriers, où les trois amis allaient passer leur dimanche, et qui est devenue l'Œuvre des enfants convalescents. Dès cette époque, et jusqu'à la fin de sa vie, il consacrait deux matinées par semaine à recevoir les pauvres et les serviteurs des pauvres. Il faut avoir vu son antichambre encombrée de cette clientèle misérable, mendiants, pauvres honteux, Petites Sœurs des pauvres, Frères des écoles, prêtres des quartiers populaires, pour comprendre que c'était là une œuvre aussi, et des plus efficaces.

Reçu licencié, puis docteur en droit, Cochin s'inscrivit au Palais, où il ne tarda pas à débuter, non sans éclat. La révolution de février vint le détourner de cette carrière toute ouverte devant lui, pour le pousser dans la carrière politique, où il ne devait recueillir que déceptions. Il se jeta dans les clubs, dans les réunions électorales, dans les journaux : partout il porta haut ses croyances et son horreur instinctive pour le désordre et les utopies violentes. C'était pour lui une nouvelle façon de servir le peuple. M. de Loménie, aujourd'hui professeur au Collége de France et membre de l'Académie française, fut un de ceux qui le suivirent dans cette courageuse campagne. Le succès fut tel que, bien qu'ayant fait afficher qu'il n'avait pas vingt-cinq ans, le défenseur de l'ordre eut un grand nombre de voix aux élections de 1848. A M. de Falloux devait revenir l'honneur d'avoir le premier distingué Augustin Cochin, en l'appelant à faire partie, comme secrétaire, de la grande commission extra-parlementaire qui prépara la loi de 1850 sur l'enseignement. Là, se rencontraient, sous la présidence du ministre, MM. de Montalembert, Thiers, l'abbé Dupanloup, Cousin, Saint-Marc-Girardin et tant d'autres, qui tous se prirent d'un goût très-vif pour ce jeune collègue si actif, si instruit, si modeste et si utile. Aussi, la loi à peine votée, dut-il accepter les fonctions très-absorbantes de secrétaire du Comité de l'enseignement libre. De là datent son éloignement définitif du Palais et ses rapports de plus en plus étroits avec M. de Montalembert.

Aux brillantes perspectives d'un avenir politique que ses nouveaux amis jugeaient dès lors comme assuré, un mariage selon son cœur vint ajouter enfin ce qui avait manqué à son enfance souffreteuse et délaissée, à sa jeunesse solitaire et attristée : le charme de la vie d'intérieur. On peut dire que du jour de son union avec sa cousine, mademoiselle Benoist-d'Azy, jusqu'au jour affreux de la séparation, le bonheur le plus intime et le mieux mérité n'a cessé d'habiter son foyer. Dieu me garde d'entr'ouvrir pour le public le seuil de cette maison, jadis si hospitalière, où se cachent dans la prière et dans les larmes tant de douleur et tant de vertu ! Rappelons seulement que trois enfants, trois fils, dont l'un a déjà âge d'homme, sont debout autour de la noble veuve, dignes tous trois du père qu'ils ont perdu et de la mère qui leur reste !

L'empire marqua pour lui, comme pour tous les hommes indépendants de sa génération, un temps d'arrêt de vingt ans. Plus de tribune, plus d'élections libres, plus de presse, plus de réunions ! Adjoint au Xe arrondissement lors du coup d'État, puis maire, puis membre du conseil municipal, il s'acquitta de ce qu'il croyait devoir aux antécédents de sa famille et au vœu unanime de la population, et se hâta de rentrer dans la vie privée. Pendant une année seulement, il avait fait partie de la commission municipale présidée par M. Haussmann. C'était le moment de l'annexion des communes suburbaines : Cochin fut chargé, et se tira avec honneur de l'énorme travail de régler le compte de chacune d'elles avec l'octroi, en dressant un relevé minutieux de toutes leurs industries, et de la quantité de matières soumises au tarif que chacune emploie. Mais les agissements qu'il voyait et les folies de démolition qu'il prévoyait l'eurent bientôt dégoûté du service municipal, pour lequel il se sentait fait. Ayant reçu un avertissement de M. Billault, ministre de l'intérieur, à propos d'un article sur la question romaine publié dans *le Correspondant*, il répondit, sans hésiter, par sa démission.

Nous venons de nommer *le Correspondant*. Ce fut, on le sait, une des œuvres de prédilection de notre ami. Dès la fin de 1855, il entrait dans sa rédaction, avec MM. de Montalembert, de Falloux, Albert de Broglie, et ne tardait pas à la transformer. Faire réussir une revue en France est une entreprise des plus difficiles, et qui n'avait encore qu'un seul exemple; mais de pareils collaborateurs devaient trouver rapidement le chemin du grand public et du grand succès. La part de Cochin dans ce succès fut considérable. Rien que par le nombre et la variété de ses travaux, on peut juger de l'étendue et de l'activité de son esprit. Outre d'innombrables articles bibliographiques et d'admirables chroniques politiques sous le nom d'*Événements du mois*, notre collection s'est enrichie en peu d'années de grands travaux, signés de lui, sur l'instruction populaire en Angleterre, les bureaux de bienfaisance et le paupérisme en France, les ouvriers européens, le protestantisme et les Sœurs de charité, l'enrôlement des noirs sur la côte d'Afrique, l'esclavage et la politique des États-Unis, la question italienne et l'opinion catholique, les derniers écrits sur la question romaine, la crise des États-Unis, la Société pour l'encouragement des publications populaires, l'Église et la société chrétienne, le P. Lacordaire, la condition des ouvriers français, les principes de 89, quelques mots sur la *Vie de Jésus*, les sciences et l'industrie au point de vue chrétien; Paris, sa population, son industrie; l'abbé Henri Perreyve, la manufacture des glaces de Saint-Gobain, la Caisse des invalides du travail, les Esquimaux à l'Exposition, les petites assurances sur la vie par l'État dans les bureaux de poste en Angleterre, *la Réforme sociale* de M. Le Play, etc.

Nous fatiguerions notre plume et l'attention de nos lecteurs à compléter cette énumération véritablement encyclopédique. Mais ce que le public n'a pu voir, tout en en profitant, c'est l'action incessante et fortifiante exercée sur nos amis les plus illustres comme sur nos collaborateurs les plus humbles, par cet esprit si précieusement doté à la fois de force et de sympathie. Il était par excellence homme de bon conseil et, dans l'occasion, de bon secours. On le savait, et on usait de lui quelquefois jusqu'à l'abus. Ce n'est qu'à grand'peine qu'il parvenait à rester maître de son temps et à réserver quelques heures à la famille et au travail. Lui-même se comparait plaisamment à un pommier de Normandie placé sur le bord d'une route, et dans lequel chaque passant se croit le droit de jeter son bâton. Les fruits qui en tombaient étaient si nombreux et si exquis! Bien qu'éloigné de nous par ses nouvelles fonctions, il n'était pas absent de notre œuvre, et ses encouragements et ses avis ne nous faisaient jamais défaut. Pour nous, c'est dans ce petit cercle intime du *Correspondant*, dans cette réunion d'écrivains venus de tous les coins de l'horizon politique, mais fermement unis par le même dévouement à l'Église et à la liberté, que nous avons eu le bonheur et l'honneur de rencontrer, d'admirer, d'aimer Augustin Cochin. Aussi sa place, vide, hélas! à nos côtés, restera-t-elle toujours douloureusement occupée dans notre cœur.

L'empire, dont on l'accusait, en 1869, d'être le candidat, croyait au contraire avoir les meilleures raisons de favoriser plutôt les démagogues que les conservateurs indépendants. Pendant que les orateurs de la future Commune s'emparaient des réunions publiques, une véritable persécution était officiellement organisée contre la parole de notre ami dans les rares conférences autorisées. Ayant accepté un jour de prononcer l'éloge du grand poëte américain Longfellow dans le modeste local du Cercle catholique, défense arriva, à six heures du soir, de donner suite aux invitations déjà lancées. Mais le président de la conférence, M. de Melun, mit bravement la défense dans sa poche, et la réunion eut lieu.

Le suffrage restreint des intelligents ne pouvait avoir pour lui les mêmes rigueurs que le suffrage universel. Ses deux beaux volumes sur *l'Esclavage* lui ouvrirent, en 1864, les portes de l'Institut. Le travail de cabinet et les occupations industrielles comblaient pour lui le grand vide de la vie politique absente et refusée. « Cela trompe la faim! » avait-il l'habitude de dire. Aussi accepta-t-il de son ami, M. Albert de Broglie, d'entrer dans l'administration de la vieille et historique Compagnie des glaces de Saint-Gobain. Membre depuis longtemps du Conseil d'administration de la Compagnie d'Orléans, où son père avait siégé avant lui, il y multiplia les preuves d'une rare capacité pour les affaires, en même temps que de son ardent amour pour les classes populaires. Aux obsèques si touchantes de Saint-Thomas-d'Aquin, on a pu voir une députation d'au moins quinze cents ouvriers, portant tous le bouquet d'immortelles à la boutonnière, déposer sur le catafalque une immense couronne garnie d'un crêpe, avec cette inscription : *Les ouvriers de la Compagnie d'Orléans à M. Augustin Cochin, leur bienfaiteur*. Ce n'était pas là un vain cérémonial, et c'étaient bien de vraies larmes qui tombaient des yeux de ces braves gens. Les services rendus par Cochin aux ouvriers, tant aux ateliers de la Compagnie d'Orléans que de Saint-Gobain, et dans les deux cas avec le concours le plus actif de tous ses dignes collègues, sont en effet de ceux qui comptent et dont on se souvient. Par son initiative, une société de secours mutuels a été formée entre les ouvriers du chemin de fer d'Orléans, qui répand ses bienfaits depuis plusieurs années sur plus de quatre mille associés. Il en était le président né, l'organisateur nécessaire, l'orateur aimé, le père. — « Ah! disait un des délégués en sortant de Saint-Thomas-d'Aquin, nous ne ferons jamais assez pour ce que nous perdons! » On avait voulu tout dernièrement le nommer président à vie, il refusa : « Eh bien! vous avez raison, lui dit un des associés : cela augmente votre autorité, et nous aurons au moins le plaisir de vous élire tous les cinq ans! »

Aux ateliers d'Ivry, il eut l'idée première de la fondation d'une maison de sœurs et d'un immense réfectoire tenu par elles. Grâce à des achats faits avec intelligence par un homme aussi dévoué que capable, depuis quinze ans les sœurs d'Ivry servent chaque jour un excellent repas pour huit sous, c'est-à-dire juste au prix de revient. Ce n'était pas le compte des cabaretiers du voisinage, qui se crurent en droit d'intenter un procès au chemin de fer. Berryer, avocat de la compagnie, plaida, — comme il savait plaider pour les ouvriers, — et les cabaretiers, déboutés de leur plainte, ont dû aller porter ailleurs leur dangereuse industrie. Pendant le siége de la Commune, les insurgés qui gardaient la gare d'Ivry ne sachant où aller manger, vinrent au réfectoire avec les ouvriers de la Compagnie. La règle veut qu'on y parle bas et que chaque convive n'ait devant lui qu'une mesure de vin. Il fallut bien accepter la règle, sous peine d'être expulsé par les habitués de la maison! On sait que les ouvriers du chemin de fer d'Orléans ont eu pendant tout le siège une compagnie d'élite devant les Prussiens et ont refusé le service à la Commune. Qu'on nous permette de répéter à ce propos ce que nos lecteurs ont si souvent entendu ici de la bouche de notre ami : La bonne entente entre les patrons et les ouvriers, le dévouement mutuel accepté comme règle de leurs rapports, telle serait la solution facile et toute faite de la question sociale. Que les industriels, que les grandes compagnies comprennent bien leur devoir, qui est en ce point d'accord avec leur plus pressant intérêt. A l'Internationale de la haine, qui est la guerre, comme le proclamait hier un de ses orateurs, sachons opposer l'Internationale de la charité et de la paix qu'on appelle la religion catholique!

La reconnaissance est d'ailleurs une vertu naturelle au peuple et qu'il faut compter comme une des assises de l'ordre public dans toute société qui garde encore quelque reste de sens moral. Outre la joie incomparable du bien accompli, Cochin n'eut pas à se plaindre d'avoir voué sa vie à l'amélioration du sort des classes laborieuses. Des marques nombreuses et touchantes d'affection et de gratitude lui furent prodiguées jusqu'à ses derniers jours par ceux qu'il avait adoptés pour clients. « Voilà pourquoi nous vous aimons, lisons-nous dans une adresse votée, il y a peu d'années, par le Cercle des jeunes ouvriers de Mont-Parnasse : *vous nous relevez à nos propres yeux;* car, si nos mains sont rudes, nos cœurs sont tendres, et il nous plaît d'ouïr ainsi parler de notre condition et de nos destinées. » Toujours, en effet, il parlait aux ouvriers avec une visible estime, et aux malheureux avec une commisération affectueuse. Il avait une façon si attendrie de dire les *pauvres gens* et de si belles colères contre ceux qui disaient devant lui *ces gens-là !*

Une autre fois, c'était une association d'ouvriers qui lui apportait une médaille d'or, frappée à son intention par des souscripteurs à 10 centimes. Ce fut aussi un ouvrier, plus tard membre de la Commune, qui, le 19 mars 1871, vint l'avertir que le gouvernement, installé de la veille à l'Hôtel de Ville, avait déjà signé l'ordre de son arrestation. Quel otage, en effet, pour les Rigault, les Delescluze et les Félix Pyat, que notre vaillant ami, contre lequel la presse jacobine se déchaînait depuis deux ans ! Enfin, peu de jours avant sa mort, c'étaient aussi de vrais ouvriers qui, trompés par l'annonce d'un mieux que les journaux avaient exagéré, vinrent lui porter à Versailles une adresse de félicitation, couverte de plusieurs centaines de signatures. A quelqu'un qui les remerciait au nom de la famille, l'un d'eux répondit : « Allez, monsieur, nous ne sommes pas tout ce qu'on croit ! Lorsque quelqu'un s'occupe de nous comme M. Cochin, eh bien, nous l'aimons et nous lui sommes reconnaissants ! »

C'était pour servir de plus en plus ces braves gens, pour se dévouer plus efficacement à leurs intérêts, que le candidat du VIIe arrondissement ambitionnait sa part de pouvoir et d'influence.

La première nouvelle de nos désastres vint mettre fin à ce bonheur de la vie d'intérieur dont Cochin jouissait et faisait jouir si pleinement ceux qui l'entouraient. Nous nous souvenons lui avoir porté le premier, à la campagne près de Corbeil, l'annonce de Reichshoffen, et nous le voyons encore essayant de lire tout haut la fatale dépêche et ne pouvant pas l'achever ! Quelques jours après, son fils aîné, âgé de moins de 19 ans, et qui a fait cette rude campagne comme porte-fanion de Bourbaki, arrachait à ses parents l'autorisation de s'engager. Quant à lui, après avoir accompagné son jeune soldat au régiment, il revenait, en prévision du siège, s'enfermer à Paris avec sa femme et ses deux autres enfants. Ce n'était pas, hélas ! le moment d'oublier ses chères habitudes de dévouement et de bonnes œuvres. Il fallait se prémunir contre la misère inévitable, contre la faim alliée des Prussiens. Par ses soins, une réunion eut lieu dans son arrondissement pour former un fonds de secours. Un grand nombre d'hommes généreux, parmi lesquels il convient de citer MM. de Biencourt, de Biron et d'Haussonville, répondirent à cet appel. Une quête à domicile fut décidée par la réunion et autorisée par le gouvernement de la défense nationale. Mais la municipalité du VIIe, où siégeaient, depuis le 4 septembre, M. Ribeaucourt, comme maire, et M. Parisel, futur membre et chimiste de la Commune, comme adjoint, s'empressa de se substituer à des citoyens si mal notés. Les radicaux seuls devaient quêter et les conservateurs se contenter de payer. Naturellement ces fonctionnaires trop zélés rentrèrent chez eux comme ils en étaient partis, les mains vides. Ce ne fut qu'après le 31 octobre, quand les électeurs eurent remplacé M. Ribeaucourt par M. Arnaud (de l'Ariége), que l'idée de Cochin put être reprise. Un fonds considérable fut recueilli et des fourneaux de quartier furent installés avec un approvisionnement suffisant pour subvenir aux besoins des plus nécessiteux jusqu'à la fin du siége.

Soldat dans le 17e bataillon, dont les titres de service restent glorieusement inscrits dans la haine persistante des jacobins, notre ami était et voulait être de tout. On s'effrayait, pour une santé si délicate, des exercices si prolongés, du service si actif, des factions de nuit aux remparts avec vingt à vingt-deux degrés de froid. Son fils Henri, à peine âgé de dix-sept ans, avait voulu marcher avec son père, et tous deux montaient la garde en face des batteries prussiennes de Montretout, qui couvraient le Paris de la rive gauche de leurs monstrueux obus. Enrôlé dans la Société des ambulances, on le vit en outre aller ramasser les blessés et les morts sur les champs de bataille du Bourget, de Champigny, de Montretout. Le frère Néthelme, dont la mort fit tant de sensation, tomba à ses côtés. Rentré chez lui, il s'occupait de l'ambulance du Grand-Hôtel; il faisait de la polémique contre les démagogues dans *le Français*, qui a conquis et gardé une véritable autorité politique, et même des études de circonstance dans la *Revue des Deux Mondes*, qui n'avait pas suspendu sa publication.

Quand Paris fut r'ouvert, nous le revîmes, plus chétif de santé que jamais, le visage étiré, les cheveux grisonnants et le regard vaguement voilé de tristesse. Était-ce le contre-coup des malheurs du pays, des privations et des fatigues du siége, des angoisses du père de famille qui venait de courir à la recherche de son fils aîné sans savoir, pendant plusieurs semaines, s'il était mort ou vivant? Il y avait sans doute un peu de toutes ces causes réunies dans ce malaise. En tout cas le repos et la campagne étaient clairement indiqués après de si longues secousses. Malheureusement, le repos fut de courte durée. M. Thiers ayant besoin à Versailles d'un préfet sûr et habile, connaissant de longue date tout ce qu'il allait trouver dans Cochin, l'appela auprès de lui. On était au lendemain de la Commune ; la situation, terrible la veille, pouvait d'un instant à l'autre devenir décisive; tout aussi vivement que M. Thiers, les principaux membres de l'Assemblée voulaient au moins près d'eux comme préfet celui qu'ils déploraient tous de ne pas avoir comme collègue; Cochin accepta. Dans ce poste, si évidemment inférieur à son mérite, notre ami fit comme il avait fait toujours et partout : il se dépensa sans mesure, mais avec la plus réelle efficacité, au service de ses administrés. Les solennelles et populaires obsèques de Saint-Louis nous ont montré que Versailles avait bien jugé son préfet, et que là, comme à Paris, comme à Saint-Gobain, comme à la Compagnie d'Orléans, il lui avait suffi d'agir pour être utile et de se faire connaître pour se faire aimer.

III

Le 12 février dernier, Cochin vint à Paris pour assister au service du P. Gratry. Bien que visiblement souffrant, il ne voulut pas manquer à ce suprême rendez-vous de l'amitié chrétienne. Qui nous eût dit que son tour fût si proche, et que peu de semaines après nous devions nous retrouver tous autour de son cercueil! C'était le momen, où les journaux le désignaient pour la préfecture de la Seine, en remplacement de M. Léon Say, qui avait voulu se retirer. Il nous dit tristement que le bien, difficile pour tous en un tel moment et dans un tel poste, serait impossible pour lui, et qu'il fallait le féliciter d'avoir décidé M. Say à reprendre sa démission.

De retour à Versailles, il écrivit à M. Ernest Naville, de Genève, auquel le rattachaient depuis longtemps les liens de la plus vive estime. Cette estime s'était changée en tendre reconnaissance, depuis que le digne professeur à l'université protestante avait recueilli et soigné chez lui son fils Denys, prisonnier en Suisse après la débâcle de l'armée de l'Est. Voici cette lettre, trouvée en brouillon dans les papiers de notre ami, et que nous ne livrons pas au public sans l'assentiment de celui à qui elle a été adressée. Outre que ce sont les dernières pages sorties de sa plume, il nous a semblé que leur publication doit unir dans un même hommage les deux chères et grandes mémoires de Cochin et du P. Gratry.

A M. Ernest Naville.

Versailles, 14 février 1872.

Mon cher ami,
Je vous remercie d'avoir entouré de votre affection les derniers jours du P. Gratry et de m'en avoir raconté les derniers combats, supportés avec une si calme énergie. Lundi, nous l'avons conduit à la porte de l'éternité.

La messe s'est dite dans la chapelle des Missions, à deux pas de la sainte maison d'où partent chaque année trois cents jeunes Français qui vont évangéliser l'Afrique et l'Asie en affrontant la mort, à vingt ans, au milieu des calomnies, des tortures et de la misère, pour l'amour de Jésus-Christ. Cet asile convenait aux obsèques du P. Gratry, car il était missionnaire : il s'était dévoué, à vingt ans, à l'instruction des savants, des écrivains, des prêtres et des gens du monde, et, comme les missionnaires commencent par apprendre la langue des tribus qu'ils vont évangéliser, le P. Gratry, pour convertir les savants, avait passé par l'École polytechnique, où il était de la même promotion que la Moricière ; pour parler de Dieu aux gens de lettres, il était devenu un grand écrivain, assez grand pour que des pages extraites de ses œuvres méritent de prendre place au rang des modèles de la langue française ; il avait pris aux gens du monde les bonnes manières, les goûts et les délicatesses de la meilleure compagnie, et pour parler aux prêtres il s'était fait religieux sous la conduite d'un saint, le P. Petetot ; ce saint disait de lui qu'il avait une tête d'homme, le cœur d'une femme et le caractère d'un enfant. Mais cet enfant s'est montré un héros, car il a traversé une grande crise religieuse sans perdre la foi, exerçant tour à tour le droit de se défendre et le devoir de se soumettre, nous apprenant à respecter les traditions et l'autorité, qui sont les deux forces de notre Église. Il a traversé les malheurs de la patrie sans perdre l'espérance, les amertumes de la calomnie sans perdre la charité, les approches douloureuses de la mort sans perdre la patience. Il lui convenait de finir de vivre entre des amis, au milieu des montagnes, dans un pays libre, les yeux reposés par la vue d'un lac paisible et des frontières de la patrie, et les regards de l'âme fixés plus haut sur les grands horizons de la bienheureuse éternité. Que des philosophes pédants le nomment un rêveur et un poëte qui raisonne, plutôt qu'un métaphysicien ; que de sévères docteurs n'accordent à son nom qu'un regret équivoque ; nous, ses amis, serrés autour de sa tombe où nul ne manquait de tous ceux qui devaient y être — prêtres qu'il édifia, artistes qu'il convertit, femmes qu'il consola, lecteurs qu'il charma, — nous l'avons pleuré, le saluant tous du nom de bienfaiteur et de père, et suivant de nos respects attendris cette âme ailée qui s'éleva si souvent devant nos yeux et nous emporta si haut, et qui plane maintenant rapprochée par un dernier essor de la lumière éblouissante de Dieu, dont il aimait vivant à contempler et à transmettre les splendides rayons ; et nous avons souhaité sans crainte la paix du ciel à cet ami qui a si passionnément cherché à l'établir sur la terre... — Adieu, nous le retrouverons, mon ami, et d'ici là nous l'aimerons en notre commun maître. — Je vous remercie encore de vos soins et de votre lettre. — A. C.

Il faudrait avoir une plume habituée à parler des saints pour raconter dignement les derniers jours d'Augustin Cochin. Dès le premier moment qu'il s'alita, vaincu par l'invasion du mal, il comprit qu'il ne devait pas se relever. « Ma tête est foudroyée, disait-il à l'évêque d'Orléans, je sens que je m'enfonce dans la mort... Je meurs dans la foi de l'Église catholique, soumis et croyant, dans la foi de

Lacordaire, de l'abbé Perreyve, de Montalembert, du P. Gratry, de tous mes amis qui m'ont précédé et que je vais rejoindre!... »

Et comme son ami désolé le reprenait doucement, lui objectant qu'il ne devait pas devancer l'arrêt de la Providence, qu'il y avait encore à servir, à combattre, à souffrir sur la terre pour la cause de la vérité, et qu'il était obligé de s'associer d'intention à tant de prières adressées au ciel pour sa guérison : « Ah! répondit-il admirablement, je ne désire vivre que pour servir Dieu, et mourir que pour le rencontrer! »

Le patriotisme le plus ardent ne cessait de mêler ses élans à ceux de la piété la plus tendre. Cochin était de ceux qui portaient au cœur la blessure saignante de la France envahie et déchirée : « Je meurs victime des maux de mon pays! » répétait-il souvent. Les derniers mots qu'il put tracer de sa main, peu de jours avant de mourir, furent : *Délivrance du territoire...*

Vingt-neuf jours il est resté étendu à plat dans le lit où la violence du mal l'avait couché, sans mouvement d'une moitié du corps, ne remuant le bras libre que pour chasser de son front l'atroce douleur qui le torturait, les yeux fermés et ne pouvant les rouvrir qu'avec peine, la voix éteinte, plongé pendant des journées entières dans un sommeil léthargique qui précédait le grand sommeil, livré aux plus cruelles expérimentations de l'art médical qui se voit aux prises avec un mal sans remède, et jamais un mot de colère ou de plainte ne sortit de sa bouche. Jusqu'au dernier souffle, il est resté tel que nous l'avons toujours vu, affable, gracieux, souriant, remerciant des soins qu'on lui donnait, et pour tous les siens d'une tendresse plus intime et plus expressive à mesure que l'heure de la séparation approchait. La solennité de la mort était sur lui, dans ses traits, dans ses paroles, mais surtout la sérénité d'une conscience en paix avec Dieu. Après avoir reçu les derniers sacrements, il voulut faire entrer ses enfants et ses serviteurs : « Je veux que vous me voyiez dans la paix de Dieu, dit-il, je suis heureux... bien heureux! C'est le moment de dire avec sainte Thérèse : Seigneur, il est bien temps de nous voir! » A sa femme qui, pendant ces vingt-neuf jours d'agonie, est restée debout à son chevet, luttant pied à pied contre la mort, s'offrant à Dieu pour sauver son mari, il adressait continuellement les expressions de sa reconnaissance passionnée, l'appelant l'ange de la mort, et la remerciant avec effusion pour le bonheur si parfait qu'il lui a dû. Ses conseils à ses fils, cher et douloureux trésor de ces jeunes cœurs, sont de vraies reliques qu'il faut laisser dans le sanctuaire de la famille. Citons seulement quelques lignes de son testament à leur sujet : « Que mes fils se rappellent que leur famille s'est élevée lentement par le travail, le dévouement, la probité, une religion profonde et pratique;

qu'ils l'imitent et la continuent, cherchant avant tout le vrai, faisant le bien, songeant toujours à leur salut, non à leur fortune ou à leur ambition. » On voit qu'il répétait à ses enfants les conseils qu'il avait lui-même reçus de son père et qu'il sut si pieusement mettre en pratique. Ainsi se perpétue dans les familles chrétiennes l'héritage sacré des vertus.

Fidèle, jusqu'à la perfection, aux préceptes évangéliques, il ignorait le bien qui venait de lui et le mal qui lui venait des autres. « Je demande pardon, dit-il encore dans son testament daté du 4 septembre 1870, à tous ceux que j'ai pu offenser, *particulièrement aux pauvres que j'ai pu négliger de servir*. Je remercie tous ceux qui m'ont fait du bien et aussi ceux qui ont pu me faire du mal, *car Dieu l'a changé en bien*.

« Je demande pardon à Dieu et aux hommes de mes fautes dans l'exercice des fonctions que j'ai remplies, de mes injustices dans les luttes auxquelles j'ai été mêlé, *de mon orgueil et de ma paresse dans les œuvres de charité auxquelles j'ai eu le bonheur d'appartenir*. »

Par les détails trop incomplets qui précèdent, nos lecteurs ont pu juger de « sa paresse, » ils peuvent juger maintenant de « son orgueil. »

Quand tout fut fini, quand cette âme, retenue avec tant de peine depuis un mois dans ce corps brisé, se fut envolée, on dressa un autel dans la chambre mortuaire, et là, en face de l'homme juste endormi dans le Seigneur, devant les restes rigides de son ami tenant le crucifix entre ses mains glacées, l'évêque d'Orléans vint, avant le jour, célébrer le saint sacrifice. La messe était servie par M. Benoist-d'Azy, oncle et second père du défunt. Les larmes, les sanglots étouffaient par intervalle le murmure de la prière ; et quand le moment de la communion arriva, la veuve et l'aïeul vinrent recevoir des mains de l'évêque le Dieu qui a dit : *Ego sum resurrectio et vita !*

Et maintenant qu'il est temps pour nous aussi de quitter cette chère et souriante figure, que dirons-nous à ceux qui, voyant les coups de la mort décimer si impitoyablement nos rangs et surtout le premier rang, se découragent et sont tentés de déserter le combat commencé ? Nous leur dirons que, des deux causes pour lesquelles tant d'illustres et généreux amis ont donné leur vie, il y en a une, l'Église, qui est assurée de ne jamais périr ; il y en a une autre, la France, qui fut toujours nécessaire à la première, et qui ne pourrait disparaître sans que la notion de la justice, de la grandeur, de la liberté ne fût diminuée dans le monde.

Quant à sa famille, à ses amis, aux ouvriers, aux pauvres, à tous ceux qui pleurent Augustin Cochin, nous ne voulons leur adresser d'autres paroles que celles qu'il nous adressait lui-même, il y a peu d'années, en parlant de son jeune et saint ami, l'abbé Perreyve : « Sa vie fut belle et sa mort fut calme. Il a, pour ainsi dire, vécu avec la mort présente pendant bien des semaines, et à son approche il ne s'est pas troublé. Une telle mort jette sur une existence, sur la probité des intentions, sur la droiture constante des pensées, un éclat définitif. Son évêque l'a béni... Les derniers avertissements lui furent adressés, les derniers sacrements lui furent rendus par la religion sous les traits de l'amitié, entre les bras de ses parents. Il fut encore heureux dans la mort[1]. »

[1] *L'abbé Henri Perreyve* (*Correspondant* du 25 juillet 1865).

25 mars 1872.

www.ingramcontent.com/pod-product-compliance
Lightning Source LLC
Chambersburg PA
CBHW060553050426
42451CB00011B/1891